Made in the USA
Monee, IL
02 November 2020

46616893R10069